Je découvre les belles histoires de la *Bible*

Linda et Alan Parry

Adaptation française
Claude-Bernard Costecalde

Éditions Paulines - Sator - Médiaspaul

Pour l'édition française :
© 1994   Éditions Paulines
            3965 Boulevard Henri-Bourassa Est
            Montréal, QC, H1H 1L1 Canada

ISBN : 2 - 89420 - 243 - 1

Dépôt légal : 3ᵉ trimestre 1994
Bibliothèque nationale du Québec
Bibliothèque nationale du Canada

Coéditeur :
Les Éditions Médiaspaul
8, rue Madame
75006 Paris – France

ISBN : 2.7122.0512.X

Sator est une marque déposée

Pour la première édition de ce livre parue sous le titre
My First Big Book of Bible Stories :
Copyright © 1993, Hunt & Thorpe, Alresford, England

Pour le texte : © 1993 Linda et Alan Parry
Pour les illustrations : © 1993 Alan Parry

Imprimé à Singapour

Nihil Obstat : Paris, le 8 mai 1994, Michel Dupuy
Imprimatur : Paris, le 9 mai 1994, Maurice Vival, v.é.

SOMMAIRE

DIEU, LE CRÉATEUR

« Je me demande comment le monde a commencé... » dit Mathieu.

« C'est Dieu qui a tout créé ! » répond Hélène. « Et il a tout fait en sept jours. »

D'abord, il a créé la lumière, le soleil et les étoiles. Puis, les continents et les mers. Il a fait pousser les arbres, les plantes et les fleurs, et a créé toutes sortes de poissons, les crocodiles et les baleines...

... les oiseaux, les insectes dans le ciel. Dieu a créé tous les animaux.

Enfin, Dieu a créé l'homme et la femme : Adam et Ève. Il les installa dans un magnifique jardin, planté d'arbres aux fruits excellents : le jardin d'Éden. Adam et Ève pouvaient goûter aux fruits de tous ces arbres :
DE TOUS, SAUF D'UN SEUL !

Mais le serpent rusé vint tenter Ève : « Ce fruit est si bon, il ne vous fera pas de mal ! » Adam et Ève suivirent son conseil et mangèrent du fruit défendu. Ils avaient choisi de désobéir au Créateur...

Alors, Dieu les a chassés de sa présence, du jardin d'Éden. À partir de ce moment, ils furent obligés de travailler très dur pour vivre et élever leurs enfants.

NOÉ, L'HOMME FIDÈLE

Les enfants et les petits enfants d'Adam et Ève se sont très mal conduits : ils n'en faisaient qu'à leur tête, ne voulaient plus de Dieu et finirent par l'oublier. Tous, sauf Noé.

Dieu, les voyant si mauvais, décida alors de détruire ce qu'il avait créé. « Je vais faire tomber la pluie pendant si longtemps que toute la terre sera inondée », dit-il à Noé. Construis un bateau et prends-y place avec ta famille : ainsi vous serez sauvés ! Tu y feras aussi entrer un couple de chaque espèce d'animal. »

Hélène et Mathieu font entrer leurs animaux de bois dans un bateau. « C'est comme l'Arche de Noé », dit Hélène. « Noé ? Qui est-ce ? » demande Mathieu. « Noé, c'est l'homme juste que Dieu a voulu sauver... »

Et tout se passa comme prévu. Noé se mit à l'ouvrage et les animaux vinrent à lui. La pluie tomba et tout fut englouti. Enfin, quand la terre fut sèche, Noé sortit. Un arc-en-ciel apparut... « Je ne détruirai plus jamais la terre par le déluge ! » promit Dieu à Noé. « À présent, faites le bien, et rejetez le mal ! »

LA TOUR DE BABEL

Mais la terre se remplit encore de gens méchants qui se croyaient importants. « Bâtissons une tour qui atteindra le ciel ! » dirent-ils ; « ainsi, tout le monde verra qui nous sommes ! » Vraiment, ils étaient trop orgueilleux ! Dieu leur fit parler des centaines de langues pour qu'ils ne se comprennent plus. Puis, il les dispersa sur la terre. On appela cette tour la tour de Babel.

ABRAHAM, LE CROYANT

Parmi tous les gens du monde, Dieu choisit un homme. « Abraham ! » lui dit-il. « Quitte ta maison et ton pays et va au pays de Canaan. » Abraham obéit et partit. Il prit avec lui sa femme Sara, ses troupeaux de brebis, de vaches et de chameaux et se mit en route. Dans ce nouveau pays, Dieu prit soin d'Abraham et le rendit très riche. Abraham et Sara étaient âgés quand ils eurent enfin un fils qu'ils appelèrent Isaac.

Mais un jour, Dieu voulut savoir si Abraham l'aimait plus que tout. Il lui dit : « Offre-moi Isaac ton fils unique en sacrifice sur un autel ! » Très triste, Abraham se prépara à sacrifier son fils unique. Soudain, une voix l'appela du ciel. « Abraham ! Arrête ! Ne fais pas de mal à Isaac. Maintenant, je sais que tu m'aimes et que tu crois en moi, parce que tu n'as pas hésité à me donner ton fils. »

Abraham et Sara vivaient dans une grande tente au pays de Canaan.

Lorsqu'Isaac grandit, il se maria
avec une très jolie femme appelée
Rébecca. Ils eurent deux fils, Ésaü et Jacob.
Ésaü devint chasseur, mais Jacob fut berger.
Un jour, les deux frères se disputèrent tellement
qu'Ésaü, trompé par Jacob, voulut le tuer. Jacob
s'enfuit alors très loin, chez son oncle Laban. Il
tomba amoureux de Rachel, la fille de Laban.

« Laban, je travaillerai sept ans pour toi
si tu me donnes ta fille en mariage »,
dit Jacob. Jacob prit aussi pour épouse Léa,
la sœur de Rachel.
Un jour, il quitta le pays de son oncle
avec sa famille, retourna
au pays de Canaan et fit la paix
avec son frère.

JOSEPH, L'ESCLAVE-GOUVERNEUR

Le fils préféré de Jacob s'appelait Joseph et portait une très jolie tunique. Ses onze frères étaient jaloux de lui, et se disaient entre eux : « Ce n'est pas juste ! »

Un jour, Joseph fit un rêve étrange et il en parla à ses frères : « Voilà, nous étions dans un champ en train de lier des gerbes ensemble. Ma gerbe se tenait toute droite, mais vos gerbes firent un cercle autour de la mienne et s'inclinèrent. »

« Ça alors ! s'exclamèrent-ils, tu crois peut-être que tu vas devenir notre roi ? »

Tandis qu'ils étaient loin de la maison, ils se saisirent de lui et le jetèrent dans un trou profond. « Ha ! Ha ! s'écrièrent-ils. Maintenant, on va bien voir ce que vont devenir tes rêves ! »

« Au secours ! »

« Regardez ! » dit l'un des frères. « Voilà des marchands d'esclaves qui passent. Vendons Joseph, plutôt que de le laisser mourir. »

Les marchands emmenèrent Joseph en Égypte et le vendirent comme esclave à un homme important. Mais Dieu aida Joseph. Une nuit, Pharaon, roi d'Égypte, fit deux rêves étranges. Seul Joseph put les expliquer au roi. « Pendant sept années, il y aura de bonnes récoltes, » dit Joseph, « puis il y aura sept années de famine ! »

Pharaon fut si content de Joseph qu'il en fit son gouverneur. Pendant sept années, Joseph fit des réserves. Puis, lors des sept années suivantes, les gens vinrent vers Joseph pour acheter des vivres.

Parmi la foule, se trouvaient les frères de Joseph. Ils se prosternèrent devant lui. « S'il te plaît, » demandèrent-ils, « permets-nous d'acheter de quoi manger. »

Le rêve de Joseph s'était réalisé !

« Je suis Joseph, votre frère ! » Le gouverneur ne pouvait retenir ses larmes. Et il invita toute sa famille à vivre en Égypte.

ISRAËL, LE PEUPLE ESCLAVE

« Un jour, Dieu changea le nom de Jacob et l'appela Israël », dit Hélène. « Depuis, tous les membres de sa famille s'appellent les enfants d'Israël. »

Après de très longues années en Égypte, les enfants d'Israël étaient devenus très nombreux. Le nouveau pharaon, qui ne se souvenait plus de Joseph, dit un jour : « Il y a beaucoup trop d'Israélites ici. Il faut agir, sinon, ils vont occuper tout le pays ! »

Alors, il ordonna que les Israélites deviennent des esclaves et ses soldats les traitèrent durement. Malgré tout, le peuple d'Israël était de plus en plus nombreux. Pharaon donna donc cet ordre cruel : « Que tous les garçons nouveau-nés soient jetés au fleuve ! »

C'est pourquoi, quand Moïse vint au monde, sa mère le cacha dans une corbeille étanche et le déposa sur les bords du fleuve... Or la fille de Pharaon vint s'y baigner. Elle découvrit le bébé dans son berceau flottant, parmi les joncs. Elle le prit dans son palais et l'éleva comme son fils.

« Laissez par le peuple de Dieu ! »

Moïse grandit, et Dieu lui dit un jour : « J'ai vu comme les Égyptiens sont cruels avec mon peuple. Va donc voir Pharaon, et dit lui de le libérer ! »

Mais Pharaon refusa d'écouter Moïse. Alors, Dieu se fâcha et fit subir aux Égyptiens dix grandes catastrophes.

Les eaux des fleuves et des rivières se changèrent en sang. Puis des grenouilles, des moustiques et des mouches venimeuses envahirent le pays. Mais Pharaon refusait toujours de laisser partir les Israélites.

Des millions de sauterelles mangèrent tout sur leur passage, et il y eut cinq catastrophes encore plus terribles.

À la fin, Pharaon cria : « Que le peuple d'Israël s'en aille, sinon nous allons tous mourir ! »

« Laisse partir mon peuple ! »

MOÏSE,
LE LIBÉRATEUR

Moïse fit sortir le peuple d'Israël d'Égypte et le conduisit vers la mer Rouge.

Mais voilà que l'armée de Pharaon les poursuivait !

« Qu'allons-nous faire ? cria le peuple. Nous sommes pris au piège ! »

« Attendez ! » dit Moïse. Et il étendit sa main sur les eaux.

Aussitôt, un grand vent se leva, et les eaux de la mer se séparèrent pour laisser passer le peuple à pied sec.

Les gens poussaient des cris de joie. « Cette fois, nous sommes sauvés ! » Ils purent s'engager vers l'autre rive en toute sécurité. « Rattrapons-les ! » hurlèrent les soldats égyptiens, et ils se lancèrent à leur poursuite dans le passage au milieu de la mer...

Moïse étendit une nouvelle fois la main sur les eaux... Alors, les eaux se remirent en place avec grand fracas et engloutirent l'armée de Pharaon.

Et le peuple d'Israël partit vers Canaan, la terre que Dieu voulait lui donner.

JOSUÉ, LE CONQUÉRANT

Les Israélites passèrent quarante ans dans le désert avant d'atteindre la terre promise. Ils n'avaient pas toujours fait la volonté de Dieu... Moïse, leur libérateur, mourut pendant ce temps. Josué devint leur chef, et le peuple arriva enfin dans le pays de Canaan.

« Dieu va chasser les habitants de ce pays, expliqua Josué, et nous pourrons tous vivre en paix ici. »

Mais, à Jéricho, les gens s'enfermèrent derrière leurs murailles. Dieu avait un plan : chaque jour, pendant six jours, Josué et ses soldats firent le tour de la forteresse. Sept prêtres ouvraient la marche, en tenant à la main une trompette. Le septième jour, Josué et son armée firent sept fois le tour de Jéricho. Alors, les prêtres sonnèrent de la trompette et les soldats poussèrent de grands cris... D'un seul coup, les murs de la cité s'écroulèrent dans un bruit effroyable.

Après cette grande victoire, le peuple d'Israël put s'installer dans le pays.

GÉDÉON, LE GRAND CHEF

Les Israélites vivaient depuis longtemps en Canaan lorsqu'un jour, leurs voisins, les Madianites, envahirent leur pays. Des milliers de soldats campaient dans la vallée, prêts à donner l'assaut.

Ils appelèrent Dieu à l'aide, et Dieu leur choisit un chef, Gédéon, pour chasser les Madianites. Une nuit, Gédéon partit avec une petite armée de trois cents hommes vers le camp ennemi. Pour seule arme, chacun portait un cor, une cruche avec, à l'intérieur, une torche allumée.

Les hommes attendirent en silence dans la nuit noire. Puis, d'un seul coup, ils firent résonner leurs cors et cassèrent leurs cruches sur le sol. Alors, brandissant bien haut leurs torches, ils crièrent : « Pour le Seigneur et pour Gédéon ! »

Et tous les soldats madianites s'enfuirent !

SAMSON, L'HOMME FORT

« Samson était si fort qu'un jour il tua un lion de ses mains nues ! » dit Hélène. « Je sais qu'il a tué mille Philistins avec une mâchoire d'âne ! » ajoute Mathieu.

En ce temps-là, les Philistins avaient envahi le pays d'Israël. Pour libérer son peuple, Dieu avait choisi Samson, à qui il avait donné une force extraordinaire, mais à une condition : qu'il ne se coupe jamais les cheveux !

Or Samson aimait une femme, Dalila. Hélas, celle-ci était au service des Philistins. Apprenant que sa force venait de ses longs cheveux, elle les lui coupa pendant qu'il dormait. Et sa force disparut...

Alors, les Philistins se saisirent de lui, lui crevèrent les yeux et le jetèrent en prison. Quand ses cheveux eurent repoussé un jour de fête, ils le firent sortir pour se moquer de lui. Samson pria : « Ô Dieu, redonne-moi ma force ! » Aussitôt, il poussa un grand coup sur les colonnes du temple où ils se trouvaient... Et celui-ci s'écroula, tuant trois mille Philistins.

DAVID, UN ENFANT CONTRE UN GÉANT

« Qui veut se battre contre moi ? » hurlait Goliath. « Si l'un de vous me tue, eh bien, les Philistins seront vos esclaves ! »

Les soldats d'Israël avaient peur de Goliath. C'était un géant qui mesurait près de trois mètres !

Seul David, un jeune berger, osa se battre contre lui. « Tu marches contre moi avec ta grande épée et ton javelot », dit-il à Goliath. « Eh bien moi, je me bats avec l'aide du Dieu vivant qui délivre son peuple ! »

David prit un caillou, le lança avec sa fronde et toucha le géant en plein front. Goliath tomba et David le tua. Ce jour-là, les Israélites furent vainqueurs des Philistins.

« Regarde comme Goliath est grand ! »

DAVID, LE ROI-MUSICIEN

David jouait de la harpe et il composa beaucoup de chants, qu'on appelle les Psaumes. Hélène et Mathieu aiment beaucoup le Psaume vingt-trois :

Le Seigneur est mon berger.
Il prend soin de moi chaque jour.
Il renouvelle mes forces.
Il me montre comment faire le bien.
Avec lui, je n'ai peur de rien,
Car il me protège du mal,
Et il me délivre de tout danger.
Oui, son amour et sa bonté
M'accompagnent toute ma vie
Et moi, je resterai avec lui pour toujours.

David devint le plus grand roi d'Israël et délivra son peuple de ses ennemis. Dieu promit que c'est de la famille de David que naîtrait son propre Fils, le Grand Libérateur.

19

SALOMON, LE ROI SAGE ET RICHE

« Demande-moi ce que tu veux, dit Dieu à Salomon, et je te le donnerai ! »

« Donne-moi la sagesse, » répondit le roi Salomon, « pour que je gouverne bien ton peuple. »

La réponse de Salomon, le fils de David, plut à Dieu. « Parce que tu as demandé la sagesse, lui dit-il, tu seras non seulement l'homme le plus sage du monde, mais aussi le plus riche ! »

En l'honneur de Dieu, Salomon fit bâtir un temple magnifique à Jérusalem, fait de matériaux précieux. Il construisit aussi de somptueux palais. Ses navires lui rapportaient de très loin de l'or, des singes et des paons.

Salomon rendait la justice parmi son peuple et on venait l'écouter de partout.

JOB MIS À L'ÉPREUVE

Un jour, Dieu dit à ses anges : « Avez-vous remarqué mon serviteur Job ? Il n'y a personne comme lui sur la terre. Il est bon et juste. » Satan lui répondit : « Job t'aime parce que tu l'as rendu riche. Mais s'il était pauvre, il te haïrait ! »

« Eh bien, » dit Dieu, « mets donc son amour à l'épreuve. »

Alors Satan, l'ennemi de Dieu, attira le désastre sur Job. L'homme de Dieu perdit sa fortune et sa famille, puis attrapa une maladie grave qui le faisait beaucoup souffrir.

Mais Job n'en voulait pas à Dieu, même s'il ne comprenait pas pourquoi il souffrait tant. « Dieu a donné, dit-il, Dieu peut reprendre ! » Il comprit combien l'homme, même bon, est tout petit devant Dieu. Ses amis pensaient qu'il s'était mal conduit et qu'il était puni, et sa femme lui disait de haïr Dieu. Mais Job ne broncha pas ; alors Dieu le combla à nouveau de richesses et lui donna une nouvelle famille.

ÉLIE, LE PROPHÈTE CONTRE BAAL

Israël avait un nouveau roi, Achab. C'était un mauvais roi, mais sa femme Jézabel était encore plus méchante que lui. Elle bâtit un temple au faux dieu Baal et poussa les Israélites à adorer des idoles.

Dieu envoya alors le prophète Élie pour avertir Israël. « Si vous continuez à faire le mal et à adorer Baal, » leur dit Élie, « Dieu vous punira et vous chassera de ce bon pays. » Mais le peuple croyait que Baal était un vrai dieu et qu'il les protégerait.

« Eh bien », dit Élie, « nous allons bien voir ! Venez bâtir un autel à Baal. Moi, j'en bâtirai un pour le seul vrai Dieu. Nous offrirons chacun un sacrifice. Vous prierez Baal et moi je prierai Dieu. Celui qui répondra par le feu sera DIEU ! »

Les adorateurs de Baal lui construisirent un autel et dirent : « Ô, Baal, écoute-nous ! Entends notre prière ! » Mais pas de réponse.

« Priez plus fort ! » leur dit Élie, « peut-être qu'il dort. »

Mais les serviteurs de Baal avaient beau crier, Baal ne leur répondit pas. Le soir venu, Élie pria à son tour : « Ô Seigneur, mon Dieu, montre à ce peuple que tu es le seul vrai Dieu ! »

Au même instant, un feu ardent illumina le ciel et brûla le sacrifice d'Élie.

Quand les gens du peuple virent cela, ils se prosternèrent et crièrent : « Le Seigneur est Dieu ! Le Seigneur est Dieu ! »

À la fin de sa vie, Élie, le prophète fidèle, fut emporté au ciel par un chariot de feu.

JONAS, LE PROPHÈTE REBELLE

« Jonas était lui aussi un prophète de Dieu », dit Hélène.

« Oui, mais Dieu l'a envoyé chez les Assyriens, des ennemis d'Israël », répond Mathieu.

« Jonas ! » dit Dieu. « Va à Ninive et dis à tous ses habitants d'arrêter de faire le mal. »

Mais Jonas eut peur et, au lieu d'aller à Ninive, il prit un bateau pour s'enfuir le plus loin possible.

Alors Dieu provoqua une grande tempête et le navire commença à couler. « Jetons la cargaison à l'eau ! » dirent les matelots en ramant de toutes leurs forces pour regagner la rive.

« C'est de ma faute ! dit Jonas. Je me suis enfui au lieu d'obéir à Dieu. » En entendant cela, les matelots prirent peur.

« Jetez-moi par-dessus bord, » dit Jonas, « et la tempête se calmera. »

Les matelots le jetèrent à l'eau et la mer se calma aussitôt. Mais Jonas s'enfonçait de plus en plus.

« Au secours ! » cria-t-il lorsqu'un énorme poisson l'avala. « S'il te plaît, mon Dieu, pardonne-moi et délivre-moi ! » Alors, le poisson ouvrit la bouche et le jeta sur une plage.

Et Jonas partit aussitôt pour Ninive. Lorsque les habitants de la ville l'entendirent, ils arrêtèrent de faire le mal et demandèrent pardon à Dieu.

JÉRÉMIE, LE PROPHÈTE DES CAPTIFS

« Les enfants d'Israël ne priaient plus Dieu et ne suivaient pas ses commandements », dit Hélène. « Ils adoraient Baal à sa place et faisaient sans cesse le mal. »

« Parce que vous refusez de me servir, leur dit Dieu, vous servirez des étrangers loin de votre pays ! »

Un jour, le roi des Assyriens envahit le pays et captura beaucoup de prisonniers.

Alors Dieu envoya son prophète Jérémie pour avertir les habitants de Jérusalem. « Arrêtez de faire le mal ! » les supplia-t-il, « sinon, voilà ce qui vous attend ! »

Pendant des années, Jérémie répéta ce message à Jérusalem, mais les habitants se moquaient de lui. Ils lui donnèrent même des coups et le firent mettre en prison. Un jour, ils l'enfermèrent dans un puits sombre et plein de boue.

Jérémie écrivit ses avertissements dans un livre, mais le roi fit brûler celui-ci.

« Dieu va vous chasser de ce pays ! » dit enfin Jérémie. « Mais après soixante-dix ans, il vous y ramènera. »

Et sa parole se réalisa. Nabuchodonosor, roi de Babylone, vint avec son armée. Il captura tout le peuple et brûla la ville de Jérusalem.

« Tournez-vous vers Dieu et il vous délivrera du mal ! »

DANIEL, VAINQUEUR DES FAUX DIEUX

« Le prophète Daniel faisait partie des captifs de Babylone », dit Hélène.

Daniel aimait Dieu et le priait chaque jour. Comme il était intelligent et sage, le roi le nomma gouverneur de Babylone. Mais les autres gouverneurs furent jaloux de lui. « Un esclave juif qui nous gouverne ! » dirent-ils. « Quelle honte ! Nous devons absolument nous débarrasser de lui. »

Ils essayèrent de prendre Daniel au piège... « Majesté ! » dirent-ils en se prosternant devant le roi, « personne n'est aussi puissant que toi ! Ordonne donc que pendant trente jours tous tes sujets t'adorent toi seul et ne prient aucun de leurs dieux. Celui qui désobéira à cet ordre sera jeté dans la fosse au lions ! »

L'idée plut au roi ; aussitôt, les méchants gouverneurs partirent chez Daniel. Ils le trouvèrent en train de prier son Dieu. « Daniel t'a désobéi ! » rapportèrent-ils au roi.

Lorsque le roi apprit cela, il fut très triste car il aimait Daniel et voulait le protéger. Mais la loi était la loi. Le roi fit jeter Daniel dans la fosse aux lions.

« J'espère que ton Dieu te délivrera », dit-il à Daniel. Le lendemain matin, il courut jusqu'à la fosse et cria : « Daniel ! Daniel ! Est-ce que ton Dieu t'a sauvé de la gueule des lions ? »

« Oui, Majesté ! » répondit Daniel. « Il a envoyé son ange pour me protéger. Je n'ai même pas une égratignure. »

« Hourra ! » cria le roi. « Vive Daniel ! Vive son Dieu ! »

Le roi délivra Daniel et fit jeter les mauvais gouverneurs dans la fosse à sa place. Puis il envoya une lettre à tous ses sujets : « J'ordonne que chacun, en tout lieu, prie le Dieu de Daniel ! C'est un Dieu qui sauve et accomplit des merveilles. Il a délivré Daniel de la griffe des lions ! »

29

ESTHER, L'ESCLAVE-REINE

« Esther était elle aussi une captive juive », dit Mathieu. « Elle était si belle que le roi s'est marié avec elle ! »

Un jour, le roi choisit pour gouverneur un homme appelé Haman. Il devint si important que tout le monde devait se prosterner devant lui. Mais Mardochée, un cousin de la reine Esther, refusait de s'agenouiller devant Haman, parce qu'il n'adorait que Dieu. Haman en était furieux. Il décida de faire mourir Mardochée et tous les Juifs de l'empire.

Lorsque Mardochée apprit la triste nouvelle, il déchira ses vêtements, se couvrit d'un sac et s'assit devant la porte du palais en pleurant.

Le serviteur d'Esther lui apporta de beaux vêtements et lui demanda : « Qu'est-ce qui ne va pas ? »

Mardochée lui expliqua ce que voulait faire Haman. Dès qu'Esther l'apprit, elle courut chez le roi.

« Haman, ce méchant homme, veut détruire mon peuple ! » lui dit-elle en pleurant.

« Quoi ? » hurla le roi. Il interdit que l'on touche les Juifs, ordonna qu'Haman soit puni, et nomma Mardochée gouverneur à sa place.

Mardochée demanda à son peuple de célébrer chaque année l'anniversaire de ce jour merveilleux.

DIEU TIENT SES PROMESSES

Les enfants d'Israël vécurent loin de leur pays pendant soixante-dix ans. À Babylone, ils apprirent à vivre comme Dieu le voulait, et rejetèrent les faux dieux. Alors, Cyrus, le nouveau roi, publia ce décret :

« Moi, Cyrus, empereur, je déclare qu'à Jérusalem, la cité du Dieu des cieux, le temple doit être rebâti. Tous les Israélites qui veulent aller à Jérusalem pour relever le Temple du Seigneur peuvent partir. »

« Dieu tient ses promesses ! » dit le peuple. Et beaucoup d'enfants d'Israël quittèrent Babylone. Les Babyloniens leur firent des cadeaux et leur donnèrent des provisions pour ce long voyage.

Arrivés dans leur pays, les enfants d'Israël se mirent à l'ouvrage avec grand coeur. Il fallait non seulement reconstruire le temple, mais aussi les maisons et les murailles de Jérusalem, car tout avait été détruit. Quand les fondations du Temple furent posées, les prêtres sonnèrent de la trompette et firent résonner leurs cymbales. Tout le peuple était dans la joie et criait :

« Hourra ! Le Seigneur Dieu est bon ! »

« Hourra ! Son amour dure à toujours ! »

JÉSUS, LE SAUVEUR DANS UNE CRÈCHE

« Longtemps après, lorsque Rome gouvernait le monde », dit Mathieu, « les soldats romains occupaient le pays d'Israël. »

César Auguste, l'empereur romain, déclara un jour : « Je veux que l'on compte tous les habitants de mon empire ! »

Tout le monde fut obligé de rentrer dans sa ville d'origine pour se faire enregistrer sur les listes romaines. Dans la petite ville de Nazareth, en Galilée, Joseph le charpentier et Marie son épouse se préparaient à partir en Judée, à Bethléem, la ville du roi David. Car Joseph et Marie étaient des descendants de David.

Quelques mois plus tôt, avant son mariage, Marie avait reçu un étrange visiteur.

« Marie, lui avait-il dit, je suis l'ange Gabriel et j'ai un message pour toi de la part de Dieu ! »

« Comment, un message pour moi ? » balbutia Marie.

« Oui ! Dieu t'a choisie pour être la mère de son Fils » avait-il répondu. « Tu l'appelleras Jésus. »

Lorsque Marie et Joseph arrivèrent à Bethléem, l'auberge était déjà bondée de voyageurs.

« L'enfant est près de naître », dit Marie. « Qu'allons-nous faire ? »

« Il y a de la place dans l'étable, répondit Joseph. Je vais préparer un bon endroit pour toi. »

Et le bébé vint au monde. Marie l'enveloppa de langes et le coucha dans une crèche.

Dieu envoya alors son ange vers les bergers qui gardaient leurs troupeaux dans la campagne.

« Un Sauveur est né aujourd'hui dans la ville de David. C'est lui le Messie, le Seigneur ! » annoncèrent-ils joyeusement.

Laissant là leurs troupeaux, les bergers coururent vers Bethléem. Ils y trouvèrent Marie, Joseph et l'enfant Jésus, comme l'ange l'avait annoncé.

JÉSUS, LE ROI EN EXIL

« En ce temps-là, le roi désigné par les Romains pour gouverner la Judée, s'appelait Hérode », poursuivit Mathieu. « Il vivait dans un palais, à Jérusalem. »

Très loin de là, en Orient, des mages étudiaient les étoiles. Un jour, l'un d'entre eux s'écria : « Regardez, une nouvelle étoile scintille dans le ciel ! »

« Un nouveau roi vient de naître », répondit un autre.

« Suivons l'étoile, elle nous conduira jusqu'à lui ! »

Les mages arrivèrent à Jérusalem et demandèrent à Hérode :

« Où est le roi nouveau-né ? » Le roi fut contrarié et cria : « Un nouveau roi ? Mais je suis le seul roi ici ! »

Les mages repartirent et aperçurent à nouveau l'étoile. Elle les conduisit jusqu'à Bethléem. Les mages trouvèrent Jésus et l'adorèrent. Ils lui offrirent en cadeau de l'or, de l'encens et de la myrrhe. Puis, ils repartirent chez eux. Mais Hérode envoya des soldats à Bethléem.

« Tuez tous les petits garçons ! » ordonna-t-il. « De cette façon, je serai débarrassé de cet enfant-roi ! »

Alors, un ange de Dieu avertit Joseph : « Pars vite en Égypte, car Hérode veut faire périr Jésus. »

Marie et Joseph partirent aussitôt en exil avec l'enfant. Puis, après la mort d'Hérode, ils retournèrent à Nazareth.

JÉSUS ET LES SAVANTS

Lorsque Jésus eut douze ans, il se rendit à Jérusalem avec sa famille pour la fête de la Pâque.

Quand la fête fut terminée, ils prirent le chemin du retour. Tous, sauf... Jésus. Marie et Joseph ne s'aperçurent de son absence qu'après une journée de voyage. Ils s'inquiétèrent et le cherchèrent partout, dans la caravane, sous les tentes et parmi leurs amis... sans jamais le trouver ! Ils retournèrent à Jérusalem et se mirent à sa recherche dans la ville.

Enfin, après trois jours d'angoisse, ils le trouvèrent... dans le Temple !

« Jésus ! » s'écria Marie, « nous t'avons cherché partout ! »

« Mais pourquoi vous faites-vous tant de souci ? » demanda Jésus. « Ne savez-vous pas que je dois m'occuper des affaires de mon Père du ciel ? »

Jésus était assis parmi les sages et les savants dans la cour du Temple. Il les écoutait et leur posait des questions. Et tous étaient émerveillés par son intelligence et ses réponses.

Jésus retourna alors à Nazareth avec Marie et Joseph. Il grandissait et tout le monde l'aimait de plus en plus.

JÉSUS ET LA VOIX
DANS LE CIEL

« Jean-Baptiste était de la famille de Jésus », dit Hélène.

Dieu avait choisi Jean bien avant sa naissance pour qu'il prépare la venue de Jésus.

Jean vivait dans le désert et portait une tunique faite de poil de chameau. Il se nourrissait de sauterelles et de miel sauvage.

Des foules nombreuses venaient vers Jean pour l'écouter prêcher. « Retournez vers Dieu ! » disait-il, « et faites-vous baptiser. Alors, Dieu pardonnera vos fautes ! »

Un jour, Jésus vint vers lui pour être baptisé. « Mais tu n'as rien fait de mal ! » lui dit Jean. Jésus insista et Jean le baptisa dans la rivière.

Au moment où Jésus sortait de l'eau, l'Esprit de Dieu descendit sur lui, sous la forme d'une colombe. Et une voix cria dans le ciel : « Voici mon Fils, celui que j'aime. Il fait toute ma joie ! »

JÉSUS ET LE DIABLE

Jésus quitta Jean-Baptiste et s'en alla seul dans le désert pour prier son Père du ciel. Il ne mangea rien pendant quarante jours et quarante nuits et il était rempli de l'Esprit de Dieu

Le diable, l'ennemi de Dieu, chercha à l'éloigner de Dieu et le mit à l'épreuve. « Si tu es le Fils de Dieu, transforme cette pierre en pain ! » lui dit-il.

Jésus lui répondit : « Nous n'avons pas seulement besoin de pain pour vivre ! »

Le diable lui montra alors tous les royaumes du monde et lui dit : « Si tu m'adores, le monde t'appartiendra ! »

« Nous devons adorer Dieu seulement ! » répliqua Jésus.

Du haut du Temple, le diable dit à Jésus : « Jette-toi donc en bas et tu ne risqueras rien, parce que les anges du ciel te protégeront ! »

Jésus lui dit : « Il ne faut pas mettre Dieu à l'épreuve ! »

Tout dépité, le diable le laissa, et Jésus quitta le désert rempli de la puissance de l'Esprit de Dieu.

JÉSUS ET SES AMIS

Jésus marchait sur les rives ensoleillées du lac de Galilée. Des pêcheurs réparaient leurs filets. Jésus appela deux d'entre eux, Pierre et André.

« Venez, suivez-moi ! leur dit-il, et vous serez pêcheurs d'hommes. »

Les frères abandonnèrent leurs filets et suivirent Jésus.

Deux autres frères, Jacques et Jean, se trouvaient au même endroit avec leur père Zébédée. Jésus les appela et, aussitôt, ils quittèrent leur barque pour le rejoindre.

Jésus se choisit douze amis et leur enseigna sa Parole. Ils parcouraient le pays avec lui et apprenaient au peuple à se conduire comme Dieu le voulait, en faisant le bien et non le mal. Jésus leur donna le pouvoir de guérir les malades.

« Aimez-vous les uns les autres, » enseignait Jésus, « et vous serez des enfants de Dieu ! »

JÉSUS NOURRIT LES FOULES

Des foules nombreuses s'assemblaient souvent autour de Jésus pour écouter son enseignement. Un jour, Jésus leur parla pendant toute la journée. Le soir venu, les amis de Jésus, qu'on appelle les disciples, lui dirent :

« Maître, cet endroit est désert, et les gens ont faim. Renvoie-les donc pour qu'ils trouvent de quoi se nourrir ! »

« Eh bien, donnez-leur vous-mêmes à manger ! » leur répondit-il.

« Mais cela nous coûterait une fortune ! » répliqua un disciple.

« Qu'avez-vous à leur donner ? » leur demanda Jésus.

« Il y a ici un garçon avec cinq pains et deux poissons dans son panier », dit André. « Mais ce n'est rien du tout. Il y a des milliers de gens ici ! »

« Faites donc asseoir tout le monde sur l'herbe », demanda Jésus. Alors il prit les cinq pains et les deux poissons et pria son Père du ciel. Les disciples distribuèrent les pains et les poissons à toute la foule et tout le monde eut assez à manger. Il y eut même douze corbeilles de restes !

Après cela, beaucoup de gens crurent que Jésus était le Fils de Dieu.

JÉSUS DOMINE LA NATURE

Lorsque la foule fut partie, Jésus se retira sur une colline pour prier. Et ses disciples partirent en bateau pour Génésareth, de l'autre côté du lac.

Pendant la nuit, Jésus regarda du côté du lac. Ses amis étaient en danger ! Un vent violent soufflait, et les vagues faisaient tanguer leur bateau. Jésus s'en retourna donc vers eux, en marchant sur l'eau !

Les disciples furent épouvantés. « C'est un fantôme ! » criaient-ils.

« N'ayez pas peur ! » leur répondit Jésus. « C'est moi ! »

« Si vraiment c'est bien toi », cria Pierre, « eh bien fais-moi aussi marcher sur l'eau ! »

« Viens donc ! » lui dit Jésus. Alors Pierre sortit de la barque et marcha vers Jésus. Mais lorsqu'il se vit entouré de grosses vagues autour de lui, il prit peur et s'enfonça dans l'eau.

« Au secours ! » cria-t-il, « je me noie ! »

« Donne-moi donc la main ! » lui dit Jésus. « Crois seulement et tout ira bien ! »

Ils montèrent tous deux dans le bateau, et soudain le vent se calma et le lac fut à nouveau tranquille.

Alors les disciples dirent à Jésus : « Tu es vraiment le Fils de Dieu ! »

Et lorsqu'ils arrivèrent à Jérusalem, des foules nombreuses l'attendaient. Tous les malades et les infirmes qui touchaient ne serait-ce que le bord de son manteau étaient guéris.

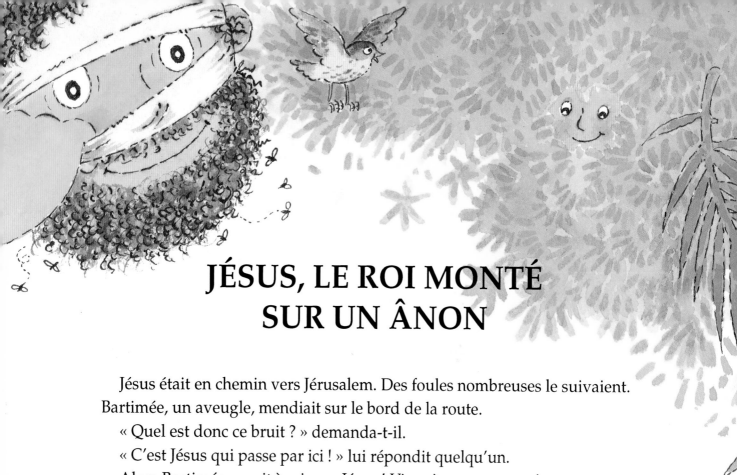

JÉSUS, LE ROI MONTÉ
SUR UN ÂNON

Jésus était en chemin vers Jérusalem. Des foules nombreuses le suivaient. Bartimée, un aveugle, mendiait sur le bord de la route.

« Quel est donc ce bruit ? » demanda-t-il.

« C'est Jésus qui passe par ici ! » lui répondit quelqu'un.

Alors Bartimée se mit à crier : « Jésus ! Viens à mon secours ! »

« Tais-toi ! » lui dirent les gens de la foule.

Mais Bartimée cria encore plus fort : « Jésus, Fils de David, aie pitié de moi ! »

Dès que Jésus entendit Bartimée, il s'arrêta et lui dit : « Que veux-tu que je fasse pour toi ? »

« Seigneur ! dit Bartimée, je voudrais retrouver la vue ! »

« Eh bien, répondit Jésus, puisque tu crois en moi, sois guéri ! »

En un instant, Bartimée put voir ! Il sauta de joie et suivit Jésus.

Le long du chemin, Zachée attendait le passage de Jésus. Cet homme avait volé beaucoup de gens. Comme il était très petit, il grimpa sur un arbre.

Quand Jésus arriva près de l'arbre, il regarda et dit : « Zachée, descends ! Aujourd'hui, je veux aller dans ta maison ! »

« Jésus, dans ma maison ? » se dit Zachée. « Eh bien, à partir d'aujourd'hui, je serai un honnête homme. »

Lorsqu'ils arrivèrent à Jérusalem, Jésus était monté sur un ânon. Des foules vinrent l'acclamer en jetant sur son chemin des rameaux et leurs manteaux en criant :

« Vive notre Roi, celui qui vient de la part du Seigneur ! »

JÉSUS TRAHI PAR UN AMI

À Jérusalem, Jésus enseignait chaque jour dans le Temple.
« Ne faites pas ce que font vos chefs religieux », disait-il à ceux qui l'écoutaient, « parce qu'ils font tout par orgueil. Apprenez plutôt à plaire à Dieu. »

Les chefs religieux étaient furieux. « Pour qui se prend-il ? disaient-ils. C'est nous que le peuple doit écouter, pas ce fils de charpentier ! »

Alors ils cherchèrent un moyen de le mettre à mort.

Un soir, au moment de la fête de la Pâque, Jésus et ses disciples prenaient leur repas ensemble. Tout à coup, Jésus leur dit d'un air triste : « Je sais que l'un de vous va me trahir. »

« Est-ce moi, Seigneur ? » demanda Judas. « Tu l'as dit », répondit Jésus. Alors Judas quitta la table, car c'était bien vrai : il allait trahir Jésus pour trente pièces d'argent !

Après le repas, Jésus partit dans un jardin et pria : « Mon Père, aide-moi à faire ce que tu veux que je fasse ! »

Soudain, Judas arriva avec une troupe armée de bâtons et d'épées. Ils arrêtèrent Jésus et l'emmenèrent à Caïphe, le grand-prêtre.

Les disciples prirent peur et s'enfuirent loin du jardin.

JÉSUS, LE ROI
COURONNÉ D'ÉPINES

Les chefs religieux s'étaient rassemblés dans la maison de Caïphe. Beaucoup de gens cherchaient de quels crimes on pouvait accuser Jésus pour pouvoir le condamner à mort. Mais personne n'était d'accord, car tous mentaient. Alors Caïphe demanda à Jésus : « Es-tu le Fils de Dieu ? »

« Tu l'as dit toi-même ! » répondit Jésus.

« Sacrilège ! » s'écria le grand-prêtre. « Nous n'avons plus besoin de témoins ! Que fait-on de cet homme ? »

« Cet homme mérite la mort ! » crièrent-ils d'une seule voix.

Dès le lendemain matin, ils envoyèrent Jésus enchaîné à Pilate, le gouverneur romain. Ils accusèrent Jésus de trahison, mais Pilate savait que Jésus n'avait commis aucun mal. Alors ils se débarrassa de l'affaire en disant :

« Je ne suis pas responsable de la mort de cet homme innocent. »

Alors, Jésus fut fouetté et on plaça sur sa tête une couronne d'épines. On le conduisit ensuite vers un lieu appelé Golgotha. C'est là qu'on mit Jésus sur une croix pour le faire mourir. Vers midi ce jour-là, il faisait nuit noire. Puis, vers trois heures Jésus mourut. Tout d'un coup, le soleil brilla à nouveau et il y eut à Jérusalem des choses extraordinaires : la terre trembla, des rochers s'ouvrirent et des morts sortirent vivants de leur tombe, le grand voile du Temple se déchira en deux, de bas en haut.

En donnant sa vie, Jésus a brisé la barrière entre Dieu et son peuple ! Ses ennemis croyaient l'avoir éliminé. Mais ils ne savaient pas que Dieu est plus fort que la mort.

JÉSUS, LE ROI RESSUSCITÉ !

Deux amis de Jésus, Joseph et Nicodème, prirent son corps et l'enveloppèrent dans un linceul. Ils le placèrent dans un tombeau neuf qui avait était taillé dans le roc. Puis, ils roulèrent une lourde pierre devant l'entrée et partirent.

Trois jours après, Marie de Magdala alla au tombeau avec d'autres femmes pour mettre des parfums sur le corps de Jésus comme c'était l'habitude. Mais la pierre avait été roulée et le corps de Jésus avait disparu !

Elle se hâta de prévenir les disciples. « La tombe est vide ! » cria-t-elle.

Pierre et Jean accoururent et la trouvèrent vide. « Mais que s'est-il passé ? » dirent-ils étonnés. Et ils rentrèrent chez eux tout tristes. Mais Marie se tenait devant la tombe et pleurait. Soudain, elle vit deux anges vêtus de vêtements blancs assis dans la tombe.

« Pourquoi pleures-tu ainsi ? » lui demandèrent-ils.

« Parce qu'on a pris mon Seigneur. » répondit-elle en larmes. « Et je ne sais pas où on l'a mis. »

Marie se retourna et vit un homme qui lui dit : « Marie ! » Toute surprise, Marie crut d'abord que c'était le jardinier, mais c'était Jésus !

« Tu es vivant ! » lui dit-elle en l'adorant.

LES PREMIERS CHRÉTIENS

« Après cela, Jésus est apparu plusieurs fois à ses disciples », dit Hélène. « Il a même mangé avec eux ! »

Un jour, pendant qu'ils parlaient entre eux sur le Mont des Oliviers, Jésus dit à ses amis : « Ne quittez pas Jérusalem avant d'avoir reçu le don du Saint-Esprit. »

Alors, Jésus disparut dans une nuée, et deux anges s'approchèrent des disciples. « Jésus est retourné auprès de Dieu le Père dans les cieux », leur dirent-ils. « Mais un jour, il reviendra de la même manière qu'il est parti ! »

Le jour de la fête de Pentecôte, les disciples et les autres amis de Jésus étaient ensemble dans une maison à Jérusalem. Ils entendirent soudain comme un vent violent. Le bruit remplit la maison. Les amis de

Jésus virent comme des langues de feu se poser sur chacun d'eux ! Le Saint-Esprit était descendu sur eux et ils parlaient des langues qu'ils n'avaient jamais apprises.

Beaucoup de Juifs du monde entier se trouvaient à Jérusalem ce jour-là. Quand ils entendirent ce grand bruit, ils coururent vers la maison et tous étaient surpris d'entendre les disciples de Jésus parler dans des langues qu'ils reconnaissaient.

« Tournez-vous vers Dieu, changez de vie et soyez baptisés ! » leur dirent les disciples, « alors, vous recevrez vous aussi le Saint-Esprit. »

PAUL ET
LA GRANDE LUMIÈRE

À Jérusalem, des milliers de gens croyaient en Jésus. Mais l'un des chefs religieux, Paul, les détestait. Il faisait fouiller toutes les maisons à leur recherche et, quand il trouvait des croyants, les jetait en prison. Un jour, il partit vers Damas pour y faire arrêter des disciples. Mais alors qu'il était en chemin, une lumière aveuglante vint du ciel, et le fit tomber à terre. Alors, une voix se fit entendre :

« Paul, Paul ! Pourquoi me persécutes-tu ? Je suis Jésus, que tu détestes. »

Paul ne put repartir qu'avec l'aide de ses compagnons, car il n'y voyait plus.

Dieu parla à Ananias, un disciple, dans un rêve et lui dit : « Va vers Paul et prie pour lui ! »

« Mais, Seigneur », répondit Ananias, « cet homme déteste ton peuple ! »

« Va ! » lui dit Dieu, « car j'ai choisi Paul pour qu'il soit mon serviteur. »

Ananias se rendit auprès de Paul et pria pour lui. Et Paul put voir à nouveau !

PAUL, PRISONNIER POUR DIEU

« C'est vrai », cria Paul, « Jésus est vivant ! »

À partir de ce jour, Paul parcourut le monde pour annoncer la Bonne Nouvelle de Jésus, celui qui change les vies.

Il voyagea dans tout l'empire romain en enseignant aux croyants, qu'on appelait les chrétiens, à vivre comme Dieu le voulait. D'autres n'étaient pas d'accord avec lui et lui voulaient du mal. Un jour, à Jérusalem, il fut arrêté par les soldats romains et emprisonné.

Mais Paul, qui était citoyen romain, refusa d'être jugé à Jérusalem, car ses ennemis voulaient le tuer.

« J'en appelle à César ! » dit-il.

« Très bien », lui dit le gouverneur. « Tu en appelles à César, tu iras donc à César ! »

Alors Paul, parmi d'autres prisonniers, fut envoyé en Italie sur un bateau. Mais un vent violent secoua le navire qui partit à la dérive.

La terrible tempête dura plusieurs jours. Enfin, les matelots s'écrièrent : « Terre ! Terre ! » Mais le bateau se brisa sur un banc de sable.

« Jésus est vivant ! »

Tout le monde sauta par-dessus bord et se retrouva sain et sauf sur le rivage.

Lorsque Paul arriva enfin à Rome, il enseigna les chrétiens de cette ville comme il l'avait fait partout où il était allé.

JEAN ET LA GRANDE VISION

Paul écrivit de nombreuses lettres aux chrétiens de tout l'empire romain. Quatre apôtres, des disciples de Jésus, écrivirent les évangiles qui parlent de la vie de Jésus. Ces lettres et ces évangiles font partie de la Bible.

Les chrétiens se rassemblaient dans des maisons ou des salles qui furent les premières églises. Mais ils avaient beaucoup d'ennemis ; ceux-ci ne voulaient pas qu'ils suivent Jésus et leur faisaient du mal.

Dans sa vieillesse, Jean fut emprisonné par les Romains sur une petite île. C'est dans cet endroit que Dieu lui fit voir des choses merveilleuses. Jean raconta sa grande vision dans un livre et l'envoya aux Églises. C'est le dernier livre de la Bible, l'Apocalypse.

Dans sa vision, Jean vit un ciel nouveau et une terre nouvelle. Après de grands combats, le mal avait disparu. La paix régnait et tout ce qu'on pouvait voir était magnifique.

Alors Jean entendit une voix puissante qui disait :

« Maintenant, Dieu lui-même vivra parmi son peuple et il sera le seul vrai Dieu. Il effacera les larmes des malheureux. La mort et la souffrance disparaîtront pour toujours. Regardez ! Dieu a fait toutes choses nouvelles ! Tous ceux qui croient en moi et qui font le bien feront partie de mon Royaume et je serai à jamais avec eux ! »